AF250512

GARDE A VOUS,

Rentiers et Ministres !

REMARQUES ET RÉFLEXIONS

SUR LE PROJET

DE CONVERSION ET DE REMBOURSEMENT

DE LA

RENTE 5 POUR CENT,

ET

CONTRE-PROJET.

PAR P.-C.-N. ROLLAND,

INSPECTEUR DES CONTRIBUTIONS INDIRECTES, EN RETRAITE ;

Ancien Secrétaire en chef de l'état-major général de l'armée des côtes de Brest et de Cherbourg, commandée par HOCHE ; — de l'Armée d'Observation sur le Rhin, commandée par BERNADOTTE ; — et de l'Armée du Danube et d'Helvétie, commandée par MASSÉNA ; — etc., etc.

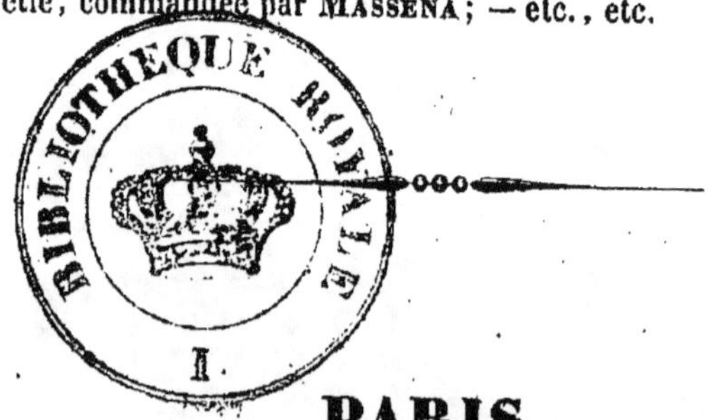

PARIS.

IMPRIMERIE DE MADAME DE LACOMBE,

RUE D'ENGHIEN, 12.

---

16 AVRIL 1838.

GARDE A VOUS,

RENTIERS ET MINISTRES!

REMARQUES ET RÉFLEXIONS

SUR LE PROJET

DE CONVERSION ET DE REMBOURSEMENT

DE LA

RENTE 5 POUR CENT.

Une discussion plus passionnée que réfléchie, plus politique que financière, s'est élevée, il y a quelque temps, au sujet de la réduction de l'intérêt de la dette de l'Etat; le ministère debout alors, n'ayant rien préparé pour se montrer supérieur aux combattans, fut impitoyablement renversé; et cependant, ce qui apparut de plus remarquable dans le cours du débat, ce fut l'humilité avec laquelle les apôtres de la rognure se traînèrent dans l'ornière tracée et suivie depuis des siècles.

A les entendre, il fallait réduire incontinent, forcément et sans ménagement, l'intérêt des capitaux aliénés;

comme si , réduire de la sorte , ce n'était pas une exac-
tion odieuse, un vol manifeste.

A défaut d'idées neuves , vivement et vainement appelées, le cinq pour cent fut maintenu; le ministère
culbuté devint, à son tour, ministère culbutant ; et plus
tard, renversé une seconde fois, celui qui lui succéda ne
fut ni plus heureux ni plus entreprenant : la rente
menacée resta encore intacte.

Depuis peu une nouvelle agression s'est déclarée dans
toutes les formes; les Ministres titulaires sont aux prises
avec les Ministres aspirans , et la victoire est encore in-
certaine.

Que le ciel favorise ceux qui ne sont mus que par une
rigoureuse équité !

Loin d'avoir la ridicule prétention de venir au secours
des hommes d'état de l'un ou l'autre parti, je ne veux que
pourvoir à ma propre satisfaction en émettant mon opi-
nion personnelle, persuadé d'ailleurs que le plus petit
jet de lumière sur la matière ne peut être indifférent à
personne.

---

§. Ier.

Examen de quelques passages du rapport de la Commission (1).

Dans la croyance où sont aujourd'hui bien des propriétaires
de capitaux qu'ils doivent en tirer 5 pour cent, ils gardent
entre leurs mains , en province surtout, des fonds dont l'i-
nactivité est funeste. — Quand il n'existera plus de rente au

---

(1) Toutes les citations empruntées au rapport de la commission
sont imprimées en petit caractère.

titre de 5 pour cent, ce sera pour eux un avertissement que
le moment est venu de se montrer plus accommodans.

Tout prouve, au contraire, qu'en province il y a
plutôt rareté qu'abondance d'argent. Combien de fois
n'a-t-on pas dit qu'il était urgent de faire refluer les capitaux sur l'agriculture, le commerce et l'industrie ?
Combien de fois les feuilles publiques, la plupart du
moins, n'ont-elles pas dirigé leur artillerie contre les
rentiers pour les pousser de ce côté ? Combien de fois
aussi n'ont-elles pas excité les possesseurs d'espèces im-
mobiles à les livrer profitablement à la circulation ? Ces
efforts, sans doute, n'ont pas toujours été vains : les
capitalistes qui entendent les affaires ont acheté avanta-
geusement du 5 pour cent ; les autres, préférant la contem-
plation de leurs trésors à un intérêt raisonnable, n'ont
rien mis au jour. Et quel est le moyen que l'on indique
pour les séduire ? Une diminution d'intérêt, qui sera
cause que les fonds encore inactifs, s'il en existe, seront
enfouis à une plus grande profondeur. En faisant dispa-
raître, il est aisé de le prédire, ce qui peut tenter, on man-
quera le but ; de nos jours les tentations, en fait de spé-
culation, ne sont pas rares ; et il est indubitable que les
capitalistes, en général, feront un choix peu favorable à
la mesure proposée contre eux.

Les rentiers possesseurs de 5 pour cent ne renonceront
pas plus au placement sur l'état que ne le font les rentiers
possesseurs du 3 et du 4 pour cent, qui se contentent d'avan-
tages inférieurs à ceux que la conversion accorderait, d'a-
près notre proposition, aux propriétaires des fonds
remboursés ou convertis.

Ceci n'est pas certain, il s'en faut ; mais il y a lieu de distinguer : les rentiers de la *conversion de Villèle* ne sont pas des rentiers à 5 pour cent proprement dits : il n'y a de véritables rentiers à 5 pour cent que ceux qui tiennent leurs titres de l'indemnité des émigrés ; les uns ont été tarifés à 4 francs de rente 5 pour cent, en échange de 5 francs de rente 5 pour cent ; ils se sont soumis à une transaction sujette à toutes sortes de chances, et dont ils n'ont peut-être pas bien apprécié le résultat ; les autres ont été plus libres ; ils ont pu acheter à la Bourse, au cours qui leur convenait.

La Commission s'est chargée de les éclairer tous, de manière à ce qu'ils fassent mieux désormais leur calcul ; je les seconderai aussi.

> Le danger qu'un délaissement considérable ait lieu, nous ne le redoutons pas ; la conversion faite dans un temps où les fonds publics n'offrent généralement qu'un intérêt de 4 pour cent dans la plupart des pays de l'Europe ne saurait avoir que des résultats avantageux.

C'est incontestablement parler avec assurance ; il faut bien que MM. les Commissaires essaient de faire partager leur conviction.

Quels sont donc les pays où l'intérêt n'est qu'à quatre ? En mettant à part, comme ici, les entreprises industrielles, ce n'est pas la Belgique, la Hollande, la Prusse, l'Autriche, le Piémont, etc.

Je me dispense de citer l'Angleterre, où la somme des intérêts à payer est énorme, et où l'on cherche depuis long-temps à l'atténuer en sacrifiant d'immenses capitaux qui accroissent la dette outre mesure.

Assurément les petits rentiers à 5 pour cent (de 25 à 500 fr.) en fort grand nombre, subiront la loi qui leur sera imposée ; ils n'auront ni le courage ni l'adresse de se classer ailleurs : mais beaucoup d'autres pourront prendre une détermination peu d'accord avec l'espoir de la commission.

> Les capitaux qui sont engagés aujourd'hui dans la rente sont, en général, des placemens faits pour obtenir un revenu ; très peu sont destinés à la spéculation.

Il serait possible de dire *oui* ou *non* sur ce point, si l'on avait sous les yeux le registre des transferts ; et encore, dans l'un et l'autre cas, on pourrait affirmer qu'en dehors du mouvement constaté, il se fait une infinité de spéculations qui échappent à la connaissance du gouvernement. Il est du reste facile de concevoir que les placemens faits pour obtenir un revenu se caseront autrement dès que le revenu paraîtra trop minime.

> Regardez ce qui se passe autour de nous ; la rente est à peu près sans mouvement ; tout le jeu, toutes les spéculations se portent sur des actions créées le plus ordinairement dans des vues où la cupidité a plus de part que l'intérêt public.

La rente est à peu près sans mouvement, et l'on s'en plaint ! — Le cours représentatif de son capital réalisable à la Bourse, ne serait-il pas encore assez satisfaisant ? — Traiterait-on maintenant à perte, comme autrefois, si l'on était forcé de recourir à des emprunts ? — Voudrait-on que des armées menaçantes se trouvassent sur les frontières Belges et sur les bords du Rhin , pour faire baisser le prix de vente, et que la propagande révolutionnaire eût ensuite des succès à l'étranger, pour le relever? — Non, j'en suis convaincu. Le défaut de mouvement de la rente, au cours actuel, est le diagnostiqué d'une sagesse dont nous devons nous féliciter.

> Les propriétaires du 5 pour cent auraient la faculté de recevoir 4 f. 20 de rente 3 1|2 pour cent pour chaque 5 francs de rente 5 pour cent.
>
> Cette fixation est fondée sur une raison que nous avons déjà dite; c'est qu'il faut éviter que le rentier ait intérêt à se déclasser, à vendre son inscription; or le capital qu'il retirerait, au cours actuel, pour 5,000 francs de rente serait de 107,000 francs. Cette somme réemployée en 3 pour cent, au prix de 80, lui procurerait 4,031 f. 25 de rentes.

Il y a là évidemment quelque contradiction. La commission désire qu'il soit pris des précautions pour que les rentiers à 5 pour cent se gardent de se déclasser; et aussitôt elle leur indique comment, sans rien perdre, ils pourraient passer dans une autre catégorie. Mais elle oublie de les prévenir, que s'ils voulaient tous vendre à 107 francs, même à 105, il se présenterait à peine des acheteurs pour les cinq cents premiers.

Peu satisfaite, je le présume, de sa prévoyance, elle ajoute :

> Nous leur offrons une meilleure position. Le taux de l'échange de titres que nous indiquons ci-dessus donnerait aux rentiers, par la nouvelle rente, un revenu annuel de 4,200 francs au lieu de 4,031, f. 25; et si, après la conversion, ils voulaient réaliser leur capital, il est très probable qu'ils en obtiendraient 108,000 francs, au lieu de 107,000 qu'ils auraient aujourd'hui. Il suffirait pour cela que le 3 1|2 pour

cent valût 90, ce qui n'aurait rien d'extraordinaire, le 4 pour
cent étant coté 100 francs et le 3 pour cent 80 francs. Ils auraient en outre une chance, celle d'arriver à un capital de
120,000 francs lorsque le 3 1|2 pour cent s'élevera à son pair.

En effet :

$$3 : 80 :: 3,50 : 93,33.$$
$$4 : 100 :: 3,50 : 87,50.$$
$$7 - 180 - 7,»» - 180,83.$$

Moyenne :

$$14 : 180 :: 7,»» : 90,»».$$

Mais il importe de voir où cette opération conduirait.

3,50 de 3 1|2 p. cent vendus à 90,»»
0,70   id.   id.   18,»»

4,20   id.   id.   108,»»

feraient porter le rachat, dont l'amortissement est chargé
à 8 francs *au dessus* du capital de 100 francs qu'il est
question présentement de rembourser.

3,50 de 3 1/2 p. cent vendus au pair 100,»»
0,70   id.   id.   20,»»

4,20   id.   id.   120,»»

produiraient un effet bien plus sensible. Le rachat de 5
francs de rente 5 pour cent, représentés par 4,20 de 3 1|2
pour cent, coûterait 20 francs *au delà* du capital de 100
francs, dont le remboursement est en discussion.

Le même vice existe dans le *système de Villèle*. Aujourd'hui, au cours de 81 francs, quatre francs de 3 pour cent, représentant cinq francs de 5 pour cent *converti*, sont repris par l'amortissement à 108 francs, c'est à dire à 8 francs de perte.

Si le rentier est satisfait par cette combinaison, le crédit ainsi complété aura un champ plus large, et il deviendra dès lors un indicateur libre et réel de la prospérité du pays; les fonds annexés à l'amortissement ne seraient plus accumulées avec perte pour le trésor; son action redeviendrait constante et régulière.

Je divise pour répondre. — D'une part, le rentier serait sans doute content si le 3 1|2 s'élevait à 90; mais l'Etat, ainsi que je viens de le faire remarquer, n'y trouverait pas son compte; d'une autre part, il est difficile de comprendre que le *crédit* soit plus complet avec cinq sortes de fonds qu'avec quatre; cette extension ne ferait que multiplier les spéculations déjà assez nombreuses, et auxquelles les véritables rentiers sont étrangers. Enfin, s'il est vrai que la disponibilité de la dotation de l'amortissement cause une perte au trésor, il n'est pas moins positif que le rachat du 3 1|2 pour cent, à un taux *excédant* 83,33, lui porterait un préjudice plus notable encore, relativement au remboursement projeté.

4 f.20 c. (représentant 5 francs de rente 5 pour cent) : 100 f. 00 c., : : 3 f. 50 c. de 3 1|2 pour cent : 83 f. 33 c., limite du rachat sans perte.

Lorsque l'on s'élève contre l'accroissement du capital, on ne tient aucun compte, et de la plus forte réduction d'intérêt qui peut être obtenue en compensation de cet accroissement, et de la nécessité de satisfaire à l'action de l'amortissement et aux progrès du crédit.

Je n'hésite pas à le dire : — L'accroissement de capital n'est propre qu'à favoriser des spéculations alternativement trompeuses pour ceux qui les font et pour ceux qui y participent; il fait renaître, sous d'autres formes, les jeux que la loi vient de prohiber. — L'excés de réduction auquel il sert de prétexte soulage peu le présent, quant à l'Etat, tandis que, réuni au principal, il pèse beaucoup sur l'avenir des rentiers. — L'action de l'amortissement n'a une utilité réelle que quand la valeur de la rente se déprécie; elle devient onéreuse au trésor dès qu'il y a absence de dépréciation; le crédit ne se fonde point sur un emploi de fonds infructueux; il dépérit au contraire, tôt ou tard, si l'on précipite son ascension au-delà de ses limites naturelles.

Si aucun rachat ne s'effectuait, l'augmentation du capital serait évidemment fictive, tandis que la réduction d'intérêt serait réelle et donnerait un résultat immédiat.

Tout le monde le sait, les rentiers permanens surtout; pour ceux-ci, ce qu'il y a de plus sûr, c'est une poule au pot de moins. Il n'y a que les spéculateurs expérimentés, à grandes combinaisons, qui réussiront peut-être à transformer en or les valeurs à peu près négatives qui leur seront offertes.

Si la réduction n'eût été que de 5o centimes pour cent, sans augmentation de capital, au lieu de 8o centimes, nous n'aurions eu que 12,000,000 d'économie, et nous n'aurions apporté aucune amélioration dans notre situation financière par rapport au crédit et à l'amortissement.

Douze millions ! c'était cependant un assez bel impôt pour ne pas aller jusqu'à vingt. Mais puisqu'il en a fallu vingt pour améliorer les enfans de prédilection de la Commission, le crédit et l'amortissement, il serait inconvenant d'y regarder de trop près pour si peu. Passe pour vingt, sauf réclamation.

Si nous avions besoin de justifier plus complètement combien on exagère les conséquences de l'émission d'un fonds négocié au dessous du pair, dans une limite raisonnable pour obtenir une plus forte réduction d'intérêt , il nous suffirait de citer les effets déjà réalisés par la conversion de 1825.

16,005,286 de rentes 3 pour cent qui ont été annulés, ont été rachetés en moyenne à 74 f. 20.

7,955,514 ——— transférés à l'amortissement, ont été rachetés à 69 f. 50.
____
23,940,800
____

Cette opération a déjà procuré au trésor l'économie suivante :

85,611,000 f. — bénéfice de la réduction pendant 14 années.

19,150,000 — rachat de 23,940,800 f. de rente, à raison de 2 f. 40 au dessous du prix d'émission.
____
104,761,000.
____

Rentiers ! voyez vous-mêmes et jugez. — Perte de 0 f. 80 c. et de 5 f. 50 c. sur votre capital effectif de 75 francs , prix auquel vous a été livré le 3 pour cent ; perte totale de l'augmentation éventuelle de 75 à 100 fr., que vous avez dû, dans votre détermination, ne pas prendre pour argent comptant.

Rassurez-vous toutefois : le retour des événemens qui ont déçu vos espérances d'amélioration de fortune, si vous en avez eu, ne peut être à présent assez prochain pour vous inquiéter.

Il nous a paru humain et utile d'établir une période de transition pour certaines fortunes privées uniquement fondées sur la rente. A la vérité cette situation ne peut être qu'exceptionnelle ; mais il était nécessaire de montrer que l'état, en poursuivant une diminution des charges qu'il subit, accordait cependant aux positions particulières un intérêt qu'elles méritent.

Peut-on adopter une disposition spéciale pour une classe de rentiers ? La loi ne doit-elle plus être égale pour tous ? — Aux députés jurisconsultes la solution de cette question.

Nous avons considéré le 4 1|2 et le 4 pour cent comme devant être exclus de notre combinaison ; ces deux effets sont depuis long-temps au dessus du pair ; en les substituant au 5 pour cent nous ne satisferions réellement pas aux besoins du crédit et de l'amortissement. — Nous nous prononçons également contre une émission nouvelle de 3 pour cent.

Soit : — Il n'y a ni inconvénient ni avantage à créer du 3 1|2 ; toutes les espèces de fonds, le 3, le 4, le 4 1|2, sont propres à la conversion et au remboursement ; je n'en excepte pas même le 5, et c'est ce qui sera expliqué dans l'un des paragraphes suivans.

Le ministre des finances serait autorisé à effectuer par séries le remboursement de toutes les rentes 5 pour cent, pour lesquelles la conversion immédiate ou conditionnelle n'aurait pas été acceptée, en ne lui rendant le remboursement obligatoire toutefois que jusqu'à concurrence des rentes appelées.

Par séries, c'est entendu; cela ne peut être autrement :
il serait impossible de rembourser la plupart des rentes
5 pour cent dans un seul mois, dans un seul trimestre.
Mais, ne rendre obligatoire le remboursement d'une même
série que jusqu'à concurrence des rentes appelées, n'est-
ce pas trop déceler l'embarras qu'on redoute ? Qu'on y
songe bien : le moindre retard ferait manquer la première
partie de l'opération, et tout le reste serait gravement
compromis.

> Le ministre des finances pourrait, dans le but d'effectuer
> le remboursement, disposer de la réserve de l'amortissement,
> négocier des bons du trésor ou des rentes nouvelles, suivant
> ce qui lui paraîtrait le mieux approprié aux circonstances et
> aux intérêts du trésor.

Il y a là, tout au plus, de quoi rembourser une seule
série, si le nombre en est assez restreint pour pouvoir
terminer l'opération dans le courant d'une année; il sera
donc indispensable de recourir à une aliénation de nouvelles rentes pour en assurer la parfaite exécution.

> La loi du 10 janvier 1833 a été la base des dispositions que
> nous avons adoptées; nous avons jugé inutile d'y apporter
> des modifications.

Il serait regrettable qu'on persistât dans l'ancienne
routine ; il existe, pour en sortir au plus vite, des motifs
qui me semblent péremptoires, et je les déduirai briève-
ment lorsque je serai parvenu au chapitre de l'amortissement.

> L'amortissement ne peut être moindre de un pour cent du
> capital nominal des rentes.

C'est l'usage. — Cependant, un et un quart, un et demi si l'on veut, pourvu que l'on s'affranchisse des complications dans lesquelles on s'est laissé précédemment entraîner.

Si la conversion effective a lieu sur 120,000,000 de rentes 5 pour cent, la réduction préalable sera de 20,000,000, et les rentes nouvelles s'élèveront alors à 100,000,000; ce qui, à un pour cent, nécessiterait un amortissement de 29,000,000. Or, la portion d'amortissement qui serait transportée serait d'environ 51 millions, dont 32,000,000 à titre de dotation primitive.

Pourquoi donc porter tout de suite à cinquante et un millions une dotation que l'on reconnaît devoir être fixée annuellement à vingt-neuf? — Avec une puissance aussi énergique on pousserait le 3 1|2 pour cent à une hausse qui ne tarderait pas à rendre le rachat très nuisible aux intérêts du trésor; on aurait donné d'une main une valeur de cent francs, par exemple, pour la reprendre de l'autre, presque immédiatement, à un prix plus élevé; et, en outre, le trois pour cent, moins fortement appuyé, si je ne me trompe, resterait proportionnellement en arrière.

§. 2.

Rentes antérieurement aliénées.

Une faute majeure a été commise chaque fois que le gouvernement s'est trouvé dans le cas de se procurer des ressources extraordinaires par voie d'emprunts. Les offres des capitalistes ont sensiblement *varié au dessous du pair* des rentes mises en vente ; et, sauf une exception , toutes ont été plus ou moins défavorables à l'emprunteur. Aussi, dans l'intervalle de 1815 à 1832, l'État a-t-il contracté deux dettes distinctes en une seule : l'une, de toute justice, s'élevant à un milliard 806 millions, 623,939 francs, capital effectif encaissé par le trésor ; l'autre purement onéreuse, montant à 635 millions, 678,557 francs , capital abandonné gratuitement aux prêteurs et qu'il faudra, tôt ou tard , pour libérer la France, extraire des caisses publiques, moins, il est vrai, ce qui a ou aura été racheté à la Bourse à un taux inférieur au pair.

Ce résultat était inévitable du moment qu'on se décidait, à l'instar des financiers d'un autre temps, à assigner le capital de *cent* aux rentes à aliéner, et à les qualifier ainsi de 5 et de 4 *pour cent.*

Là , le gouvernement se montra beaucoup trop imitateur.

Il aurait pu annoncer, par exemple , que son intention était de vendre du *cinq,* mais il ne devait pas aller plus loin : c'était aux capitalistes, à peine de passer pour usuriers sans pudeur, à fixer *par une somme unique,* et *le prêt* qu'ils voulaient faire, et *le capital* dont ils seraient créanciers pour *cinq francs de rente,* de manière qu'il y eût concordance entre le capital remboursable et le capital prêté.

Et qu'on ne dise pas que les capitalistes auraient fait des offres plus désavantageuses si, au lieu de *cinq pour cent ,* on ne leur eût donné que *cinq pour la somme prêtée.*

Les prêteurs véritables, ceux qui livrent réellement

leur argent, visent surtout à deux choses : d'abord, au plus fort intérêt possible, et ensuite, beaucoup plus à la sûreté et à la stabilité du placement qu'à l'accroissement éventuel de leurs capitaux ; accroissement presque toujours dévoré à la Bourse par les spéculateurs de profession, assez adroits pour souffler alternativement la hausse et la baisse et s'emparer, dans ces fluctuations soudaines, des bénéfices qui ne sont saisissables que par des combinaisons obscurément ou habilement préparées.

---

§. 3.

Rentes déjà converties.

La conversion opérée en conformité de la loi du 1er mai 1825, s'est résumée, pour l'État, par ceci :

Sur le 5 pour cent, converti en 4 1|2 pour cent. — Diminution d'intérêts de 115,076 francs, sans augmentation de capital ; opération simple, qui n'a exigé que la main et la plume d'un commis, pour faire profiter le débiteur de tout ce que les rentiers ont perdu.

Sur le 5 pour cent, converti en 3 pour cent. — Diminution d'intérêts de 6,115,081 francs, avec concession d'une augmentation de capital de 203,818,846 fr.; opération complexe, que le gouvernement n'a dû faire comprendre à la plupart des rentiers, qu'en la leur expliquant en ces termes : « Moi, votre débiteur, je vous » prête fictivement 203 millions 818,846 francs, que je » vais inscrire sur vos titres, pour que vous les fassiez » valoir comme vous pourrez ; je ne vous prends ,

» pour cela, qu'un intérèt riciproque de 3 pour cent,
» montant à la bagatelle de 6,115,081 francs ; or le
» capital de 203 millions 818,846 francs, représenta-
» tif du sacrifice que je vous fais faire, *est à vous* si
» vous poussez assez vigoureusement à la hausse, pour
» que la valeur de vos nouvellés inscriptions atteigne le
» pair. »

Il est inutile de le faire remarquer : cette excitation au jeu, entretenue par une insatiabilité générale et toujours croissante, a été cause que la Bourse elle-même s'est transformée en une loterie de tous les jours, non moins désastreuse que celle qui a été supprimée, et où se sont englouties, tout-à-coup. de grandes, de moyennes et de petites fortunes.

Ce n'est pas, je dois l'avouer, que le système *de Villèle* ait été onéreux à l'État, comme on l'a prétendu au moment de la discussion de la loi précitée, et postérieurement dans une infinité d'occasions.

30,574,116 francs de rente 5 pour cent, au capital de 611,482,320 francs, ont été convertis en 24 millions 459,035 francs de rente 3 pour cent, au capital de 815,301,166 francs.

Une partie de cette rente de nouvelle création, a été rachetée à la Bourse au-dessus du cours de 60 francs, une autre partie au cours de 60 à 80 francs et au delà ; et il est permis de conjecturer que les cours ultérieurs se rapprocheront de plus en plus de celui de 100.

Or, supposons (car ici on ne peut que supposer) que le rachat total des 24 millions 495,035 francs de rente 3 pour cent, provenant de la conversion, s'effectue en 50 années, à partir de 1825, au taux moyen de 80 francs pour 5 francs de rente 5 pour cent.

Dans cette hypothèse, le gouvernement arriverait au résultat que je vais établir.

Je reporte ici — 1° comme base première, le capital de la rente 5 pour cent convertie, ci. . . . . 611,482,320 f.

2° Comme base comparative, le capital de la rente 3 pour cent provenant de la conversion,
ci. . . . . 815,301,166 f.

Et je dis :

$$100 : 80 :: 815,301,166$$
$$: 652,240,933$$

Différence.. . 163,060,233

En d'autres termes, le Gouvernement aurait obtenu, par le rachat à 80, une diminution de capital de 163,060,233 f.
Il aurait en outre pro-
fité, chaque année, de
la diminution d'inté-
rêts assurée par la
conversion et montant   468,814,283 f.
à 6,115,084 fr.; soit,
pour les 50 années qui
se seraient écoulées . . 305,754,050 f.

Puis, par compensation :

D'une part, le capital nominal dont l'Etat s'est reconnu débiteur, se trouverait réduit à.. . . . . 346,486,883 f. ci   346,486,883 f.

Et d'autre part, il ressortirait que *le système de Villèle*, au lieu d'avoir trop favorisé les porteurs de rente 3 pour cent, aurait fait réaliser, sur eux, un bénéfice de. . . . . 264,995,437 f.

Forcé alors, comme le sont encore aujourd'hui ses imitateurs, de justifier son projet en alléguant une prétendue diminution de valeur de l'argent , M. de Villèle dut éprouver une rare impatience lorsque sa conception fut attaquée de tous côtés. Il put dire aux rentiers , tout en se tenant dans une prudente réserve : « Vous me don- » nerez *cinq* et je ne vous rendrai que *quatre*, mais » j'augmenterai votre capital de 33,33 pour cent ; et cet » excédant de 33,33 , je dois vous l'apprendre si vous » l'ignorez , représente *un* et *un tiers*. Donc vous pre- » nant *un* et vous donnant la valeur de *un* et *un tiers*, je » vous fais une bonification et non une rognure. » — Mais ici l'habile conversionniste sentit qu'il approchait du danger ; aussi se garda-t-il d'ajouter : « Messieurs , » je l'avoue, je vous retrouverai à la Bourse ; et là, sur » l'accroissement de capital de 203,818,846 francs dont » vos titres vont être décorés, je reprendrai successive- » ment 163,060,233 francs ; puis, en définitive, au moyen » de mes combinaisons, l'Etat aura gagné avec vous » 264,995,437 francs, non compris les 6,115,081 francs » d'intérêts, qui continueront à ne point sortir annuelle- » ment des caisses du trésor. » — Ce langage en gé- néral, sauf changement de chiffres , eût été rigoureuse- ment vrai ; mais il était impossible de le tenir publique- ment sans décider les porteurs de rentes 5 pour cent à se montrer rebelles à la conversion.

L'opération *de Villèle* eut néanmoins et a encore, à l'égard du trésor, un côté faible que j'ai signalé dans le cours du paragraphe premier.

§. 4.

Remboursement ou nouvelle conversion.

Les lois anciennes et nouvelles *n'ayant point admis que le créancier pût contraindre son débiteur à demeurer sous le poids d'un engagement sans terme* (rapport de la Commission), il ne reste qu'une question à poser et à résoudre ici.

Le gouvernement peut-il exercer convenablement, dans l'occurrence présente, le droit qui lui est attribué?

Lorsqu'il a aliéné les rentes 5 pour cent, a-t-il déclaré qu'un jour il ferait un remboursement forcé? — Non sans doute, il s'en est bien gardé, car s'il eût ouvertement manifesté une telle intention, il eût repoussé le concours d'une infinité de petits capitalistes qui avaient en vue un placement de longue durée; il eut en outre compromis le succès de ses négociations en s'exposant à ce qu'on exigeât de lui, en vertu du droit commun, qu'il consentit à ce que les prêteurs réclamassent eux-mêmes le remboursement lorsqu'il ne l'offrirait pas.

A-t-il dit aux prêteurs qu'aussitôt que les circonstances lui paraîtraient favorables, il leur ferait subir, ou le remboursement du capital aliéné, ou la réduction de l'intérêt au taux du jour? — Bien moins encore: s'il eût seulement laissé soupçonner cette pensée, les prêteurs la lui auraient fait payer cher; les uns, par exemple, au lieu de lui donner 85, 87, 89, ne lui auraient offert que 60, 65, 70, et peut-être moins; les autres, dans un temps d'inquiétude plus vive et plus générale, n'auraient voulu traiter avec lui qu'à des conditions plus dures encore; de sorte qu'avec le capital versé dans les caisses de l'Etat les prêteurs auraient obtenu la concession d'une somme de rente beaucoup plus importante.

Si l'on recourait aux documens relatifs à l'aliénation des rentes, on verrait que depuis 1815 il n'a point été question de remboursement de capital et de réduction d'intérêt, et que le seul rachat administrativement prévu est celui qui, avec le fonds d'amortissement, peut s'opérer de gré à gré à la Bourse.

Cette considération suffirait pour me déterminer à maintenir la rente 5 pour cent telle qu'elle existe , sinon indéfiniment, du moins cinq années encore ; temps pendant lequel son cours prendrait librement tout l'essor dont il est susceptible ; ce qui permettrait d'apprécier plus exactement qu'aujourd'hui le taux réel de l'intérêt de l'argent placé dans la dette publique. Il y aurait d'autant plus de sagesse dans cette résolution , que les 15 à 20 millions en perspective ne suffiraient pas à un dégrèvement général de *deux centimes* par franc, c'est-à-dire de *cinq* à *vingt-cinq centimes* pour chacun des contribuables les moins aisés, payant trois à quinze francs de droits ou d'impôts.

Mais je reviens à la proposition de Messieurs les Commissaires ; et sous ce rapport je suis déjà très avancé.

J'ai fait voir clairement :

1° Que, dès l'instant que le cours du nouveau 5 1|2 pour cent, proposé à 4 f. 20 c. pour 5 f. de 5 pour cent., commencerait à dépasser 85,55, il y aurait perte pour le trésor, et que cette perte s'élèverait à 8 francs lorsque le cours aurait atteint 90 et à 20 francs lorsqu'il serait parvenu au pair de 100.

2° Que l'action de l'amortissement n'a une heureuse influence qu'au moment où la dette de l'État subit une dépréciation ; et en effet, c'est le seul cas où sa puissance agit *à la fois* pour le débiteur et pour le créancier : hors de là, c'est-à-dire lorsque le cours s'élève à l'aide d'un véhicule onéreux, l'Etat rachète le titre qu'il a livré, à un prix excédant celui qu'il a reçu, et par conséquent à perte ; le créancier spéculateur, toujours attentif, ne manque pas, il est vrai, d'en profiter pour jouer ensuite dans un sens contraire ; mais le simple rentier, uniquement soigneux de toucher son revenu semestriel, s'il prenait la peine d'observer la cause de la boursoufflure qui amène peu à peu la baisse factice de l'intérêt, serait moins disposé à s'en réjouir qu'à placer sa confiance ailleurs.

3° Que le 3 1|2 pour cent, préféré par MM. les Commissaires, n'est pas plus propre que tout autre à la conversion et au remboursement ; que toutes les espèces de fonds conviennent à cette opération, le 3 comme le 3 1|2, le 4 comme le 5 ; et qu'il ne faut qu'un trait de plume pour accomplir ce miracle, puisqu'il suffit, ainsi que je l'ai assez fait connaître dans le paragraphe 2, de rayer le mot *cent* à la suite du taux de l'intérêt, pour y appliquer un capital quelconque.

EXEMPLES.

Je ne chiffrerai point inutilement pour le 3, le 4, le 4 1|2 et le 5 ; je me bornerai, en me conformant au vœu de la Commission, à indiquer ce qu'on peut faire spécialement avec le 3 1|2, et par analogie avec tous les autres fonds.

Je rappellerai aussi que, suivant l'assertion de MM. les commissaires, la conversion et le remboursement atteindront 120,000,000 de rente 5 pour cent. — Capital nominal : — 2,400,000,000.

24

Je note également ici que le capital à assigner au taux de l'intérêt de 5 1|2 peut-être fixé à 82—à—83—et à 84 francs.

Et je dis :

$$5,50 : 82,00 :: 4,30 : 100,74.$$
$$5,50 : 85,00 :: 4,25 : 100,70.$$
$$5,50 : 84,00 :: 4,20 : 100,80.$$

De là, je tire les conséquences ci-après :

DANS LE CAPITAL NOMINAL DE 2,400,000,000, LE NOMBRE

82 se trouve	83 se trouve	84 se trouve
$29{,}268{,}292\,\frac{68}{100}$ fois.	$28{,}915{,}662\,\frac{65}{100}$ fois.	$28{,}571{,}428\,\frac{57}{100}$ fois.

Multipliant ces trois résultats par

5, 50	5, 50	5, 50

La nouvelle rente à constituer à 5 1/2

pour 82 s'élevera à	pour 83 s'élevera à	pour 84 s'élevera à
102,439,024 francs.	101,204,819 francs.	100,000,000 francs.

La rente frappée par la conversion ou le remboursement étant de

120,000,000 francs.	120,000,000 francs.	120,000,000 francs.

Il y aura une réduction au profit de l'Etat, de

17,560,976 francs.	18,795,181 francs.	20.000.000 francs.

Le choix est facile : le mien, en moins d'une minute, s'est fixé sur le plus petit lot, sur celui qui m'a paru avoir une raisonnable consistance, savoir :

Réduction des 120,000,000 de rente cinq pour cent, dont il s'agit, à 102,439,024 francs de rente TROIS ET DEMI *pour quatre vingt-deux* , sans augmentation éventuelle.

Partant, atténuation annuelle de charges, pour l'Etat, de 17,560,976 francs.

Quant à l'adoption DU TROIS ET DEMI *pour un capital fixe*, je me suis principalement décidé par les considérations que je vais exposer.

Donner une augmentation de capital dans le but de diminuer l'intérêt à payer, c'est fausser la vérité ; c'est aussi trop imiter les fils de famille, pressés de jouir par anticipation, et les dissipateurs contraints de faire face à des engagemens dont l'exécution ne peut plus être différée ; les uns et les autres consentant à rejeter sur l'avenir les bonifications usuraires que d'avides prêteurs croient pouvoir exiger d'eux.

La France ne peut, sans être humiliée, traiter à telles conditions ;

Elle est l'un des plus solvables débiteurs de l'Europe, puisqu'elle a pour garantie du paiement de sa dette, les immenses richesses de son industrie, de son commerce et de son vaste territoire.

Il est impossible de l'assujétir à livrer une valeur plus forte que celle qu'elle reçoit, et à rendre au delà de ce qui est entré dans les caisses du trésor royal.

§. 5.

Amortissement.

Le capital de la rente de 102,459,024 francs de TROIS ET DEMI *pour quatre-vingt-deux*, dont je viens de parler, s'élève, comme celui de la rente de 120,000,000 de *cinq pour cent à convertir*, à 2 milliards 400 millions ; et le fonds d'amortissement à affecter au rachat, à raison de un pour cent, doit être porté annuellement à 24 millions.

Cette dotation sera certainement beaucoup plus que suffisante, si la nouvelle rente que je propose est favorablement accueillie.

A raison de sa nature, ainsi que je l'ai fait observer, elle n'est rachetable à la Bourse, qu'à un cours au dessous du capital fixe qui la représente ; et il est à peu près certain que l'action de l'amortissement aura très rarement l'occasion de se faire sentir dans ce seul cas.

Or, la dotation annuelle de 24 millions s'accumulera d'année en année, et ne tardera pas à s'élever à plus d'une centaine de millions disponibles ; mais cette réserve, quelle qu'elle soit un jour, n'aura jamais assez d'importance pour faciliter un remboursement général.

Il me paraît donc vraisemblable que la prévoyance la plus étendue s'arrêtera au chiffre ordinaire ; à moins qu'on ne juge à propos d'élever celui-ci en corrigeant le vice et la bizarrerie de sa composition.

Le fonds d'amortissement se forme, en effet, de manière qu'on pourrait croire qu'on a voulu cacher une partie de sa source.

1°. Dotation annuelle.

2°. Intérêt de ce qui n'est pas employé.

3°. Intérêt des rentes rachetées.

4°. Intérêt des intérêts.

On a souvent vanté cette combinaison ; et chaque fois que j'ai cherché à m'expliquer ce qu'on lui a attribué de merveilleux, je n'ai aperçu en elle que puérilité, écritures compliquées, frais de bureau, comptes sans fin, et, au bout de tout, espèces puisées dans les caisses de l'état, pour être transportées dans celle de l'amortissement où, sans leur présence, les intérêts capitalisés ne seraient que des intérêts négatifs.

Eh bien ! — qu'à la dotation première et annuelle, on ajoute une somme égale au produit des rentes rachetées du 1er janvier au 31 décembre de chaque année, et qu'à cet effet, la diminution de dépense résultant, d'un côté, de l'annulation desdites rentes, soit portée, de l'autre, en augmentation au budget.

Qu'on y ajoute encore, au besoin, un supplément temporaire ; de telle sorte que la dotation annuelle, robuste et tranquillisante comme elle doit l'être, ne consiste toujours qu'en une somme fixe, sans autres intérêts que ceux qui proviendraient de prêts fructueux, et non de prêts faits à l'état. Il n'y a d'admirable, dans le mouvement et la comptabilité des finances, que la grande simplicité qui peut y régner.

Je ne terminerai pas sans déposer ici une réflexion qui n'est pas sans justesse. — Si le gouvernement continuait, à l'aide d'un fonds d'amortissement exagéré, à jouer à la baisse de l'intérêt de l'argent, un jour viendrait où l'état n'aurait plus un seul rentier ; et, chose bien plus fatale ! dans les circonstances où de grandes ressources lui seraient nécessaires, il ne trouverait pas un seul prêteur.

---

§. 6.

Transferts.

Les rentiers de l'état, depuis long-temps nombreux dans les départemens, le seraient bien davantage si, pour vendre, céder ou acquérir, ils n'étaient pas sujets à des formalités et à des frais qui les découragent.

Veulent-ils faire une opération quelconque, parce que le cours de la Bourse leur convient ? — Ils se hâtent, s'ils connaissent la marche à suivre, d'envoyer leurs pièces ou leurs ordres à un agent-de-change ; mais il arrive que l'inconstance du cours rend vaine leur tentative ; quelquefois même, faute d'avoir clairement et positivement exprimé leur intention, il ne peut être donné suite à leur dessein.

Ce n'est pas tout : les frais de correspondance, de courtage et de commission, montant à un pour cent du capital, et souvent plus haut (environ 10 francs par mille), la plupart des personnes qui ont des économies à utiliser, instruites par celles qui ont déjà fait un placement, renoncent à leur projet, effrayées qu'elles sont des difficultés à rencontrer ; aussi le mouvement entre Paris et la province n'a-t-il quelque activité que quand des besoins impérieux l'exigent : de même encore, il ne se fait que peu de placemens en grand, dans le but de procurer, aux personnes qui n'en ont pas, les inscriptions qu'elles pourraient désirer.

Les livres-auxiliaires, qu'on a nommés à l'époque de leur adoption *petits-grands-livres*, sont presque partout inconnus, et d'ailleurs, en cas de vente et d'achat, vu le peu de différence des frais à supporter à Paris et au chef-lieu de département, c'est d'ordinaire la voie de la capitale qui est préférée.

Il est rare, en province, qu'il se fasse des transactions, soit entre voisins de la même commune, soit entre habitans de communes du même canton ou du même arrondissement. Les inévitables frais de transmission surgissent en tous lieux.

Il est cependant aussi facile que désirable, qu'il soit apporté à cet état de choses une prompte amélioration. J'en indiquerai sommairement le moyen dans mon contre-projet.

---

§ 7.

Contre-projet (1).

Conversion et remboursement.

Article 1er. — Le ministre des finances est autorisé à

---

(1) Les dispositions que je propose sont calquées sur la forme du projet de la Commission, bien qu'au fond elles en diffèrent essentiel-lement.

substituer aux rentes cinq pour cent, inscrites au grand-
livre de la dette publique, des rentes constituées à un intérêt de TROIS ET DEMI *pour quatre-vingt-deux francs,*
sans augmentation éventuelle de capital, soit qu'il rem-
bourse le 5 pour cent au moyen de la négociation de
rentes nouvelles, soit qu'il opère par échange de titres.

L'opération ne pourra être faite qu'autant :

1° Qu'elle aura conservé aux propriétaires des rentes
5 pour cent la faculté d'opter entre le remboursement du
capital nominal, à raison de cent francs pour cinq francs
de cinq pour cent, et la conversion en rentes nouvelles de
TROIS ET DEMI *pour quatre-vingt-deux* (1).

2° Qu'elle donnera pour résultat définitif, sur l'en-
semble de l'intérêt des rentes remboursées ou échangées,
une diminution effective de dix-sept millions 500 mille
francs au moins.

Art. 2. — Les rentes créées en conformité de l'art. 1er
ne pourront être remboursées dans le délai de dix ans
qui suivra la date de leur émission. Il n'y aura lieu à
remboursement, après ce délai, que lorsque le cours de
la Bourse se sera maintenu à un taux excédant de 8 pour
cent le capital constitutif. — (82, 00, *plus* 6, 56 = 88,
56).

ART. 3. — Comme l'art. 2 de la Commission, *si la
question relative à l'exception proposée en faveur des positions particulières est résolue affirmativement.*

ART. 4. — Comme l'art. 3 de la Commission.

ART. 5. — Comme l'art. 4 de la Commission.

---

(1) 3,50 : 82,00 :: 4,26,8292 : 100,00;—Or, pour 5 francs de
rente 5 pour cent, 4 f., 26 c., 8,292 de rente 3 1|2 pour 82.

Amortissement.

Art. 6. — La dotation annuelle affectée au rachat et au remboursement des nouvelles rentes TROIS ET DEMI *pour quatre-vingt-deux*, est fixée à la somme de vingt-quatre millions, laquelle s'accroîtra du montant de l'intérêt de celles desdites rentes rachetées au-dessous du pair et rayées, par suite, du grand-livre de la dette publique.

Il pourra, en outre, y être ajouté un supplément temporaire, chaque fois qu'il y aura nécessité, par une ordonnance royale qui devra être présentée aux Chambres, sous la forme de loi, dans le courant de la plus prochaine session.

Ce qui restera disponible, chaque année de ladite dotation, ne portera intérêt, en cas de placement, qu'autant qu'il n'en résultera aucune charge au budget de l'état.

La part des rentes provenant du rachat antérieur, et afférente aux rentes 5 pour cent remboursées ou échangées au moment de l'inscription des rentes nouvelles de *trois et demi*, sera annulée et rayée du grand-livre de la dette publique.

Transferts.

Art. 7. — Les transferts d'inscriptions de rente TROIS ET DEMI *pour quatre-vingt-deux*, seront faits, à Paris et dans les départemens, par simple endossement, en présence des receveurs de l'administration de l'enregistrement, lesquels, afin de constater leur concours, percevront, au profit du trésor, un droit de *un quart* de un pour cent du capital des rentes transférées (2 f. 50 c. *par mille francs*).

Le ministre des finances sera informé de ces mutations par états certifiés par les receveurs et visés par les directeurs de l'enregistrement.

Dans le cas de division d'une inscription, celle-ci sera remise au receveur de l'enregistrement, contre récépissé par lui délivré au propriétaire; pour, ladite inscription, être adressée au ministre des finances, qui fera expédier les inscriptions nouvelles désignées au bordereau de demande.

Ces nouvelles inscriptions seront également passibles du droit de *un quart* de un pour cent, pour la portion ou les portions de rente *trois et demi* inscrites au nom des acheteurs ou ayant droit par succession. Celles qui reviendront nominativement au propriétaire de l'inscription échangée en sont affranchies.

Compte à rendre.

Art. 8. — Comme l'art. 6 de la Commission.

9 782012 461369